Ils ne veulent PAS JOUER avec moi !!!

Texte : Andrée Poulin
Illustrations : Lucile Danis Drouot

Dominique et compagnie

Zac et Paco s'amusent comme des petits fous.
– Je peux jouer avec vous? demande Fanfan.
– Non!!! s'exclament Zac et Paco.

– Pourquoi ? demande le petit flamant.
– T'es trop rose ! déclare Zac le zèbre.
– Le rose, ça me donne mal à la tête, bougonne Paco le panda.

Fanfan demande à sa mère :
– Maman, est-ce que le rose donne mal à la tête ?

– Pas du tout ! Le rose, c'est la couleur de la douceur, s'écrie la maman.
– Et du bonheur, ajoute le papa.

Zac et Paco s'amusent toujours comme des petits fous.
Fanfan s'approche et leur dit :
– Le rose, c'est la couleur du bonheur.
Zac et Paco font comme s'ils n'avaient pas entendu.

– Je peux garder les buts si vous voulez, propose Fanfan.
– Le rose, ça ne se mélange pas avec le noir et le blanc, déclare Zac.
– Laisse-nous jouer maintenant, ajoute Paco.

Fanfan demande à sa grand-mère :
– Mamie, est-ce que le rose peut se mélanger avec le noir et le blanc ?
– Bien sûr que oui ! s'écrie sa mamie. Quand le soleil se couche, il barbouille le ciel. Le rose se mélange alors avec toutes les couleurs. Et c'est joyeusement joli !

Du bout de son pinceau, mamie dépose un pois noir, puis un pois blanc sur le bec de son petit-fils. Fanfan rit. Et ça lui donne une idée...

– Est-ce que je peux jouer avec vous maintenant? demande Fanfan.
– Tu as l'air d'un dégât sur deux pattes! s'exclame Zac.

– Quelle idée de se barbouiller comme ça! ajoute Paco.

Une heure plus tard, Fanfan revient sur la plage et demande :
– Est-ce que je peux jouer avec vous maintenant?
Zac secoue la tête de gauche à droite :
– T'es encore trop rose. Et puis, le rose, c'est pour les bébés et les princesses.

– Moi, je n'aime pas les bébés, ils braillent trop.
Et les princesses font toujours des caprices, ajoute Paco.

La grande sœur de Fanfan arrive dans un froufroutement d'ailes.
– Pourquoi tu pleures? demande Flavie.
– Je ne veux plus être rose! Le rose, c'est pour les bébés braillards et les princesses capricieuses!
– Qui a dit cette niaiserie? Le rose est une couleur pour tout le monde! Tout ce que je préfère est rose : la barbe à papa, les loukoums et la crème glacée aux fraises! Et, bien sûr, mon petit frère.

Fanfan court voir Zac et Paco et leur crie très fort :
– Le rose, c'est une couleur pour tout le monde !

Zac et Paco font la grimace à Fanfan.
Puis ils retournent à leurs jeux.

Ludo le lémur a tout entendu, depuis le début.
Il s'approche de Fanfan et lui dit :
– Si le rose n'existait pas, il n'y aurait pas de crevettes.
Pas de saumons. Pas de cochons…

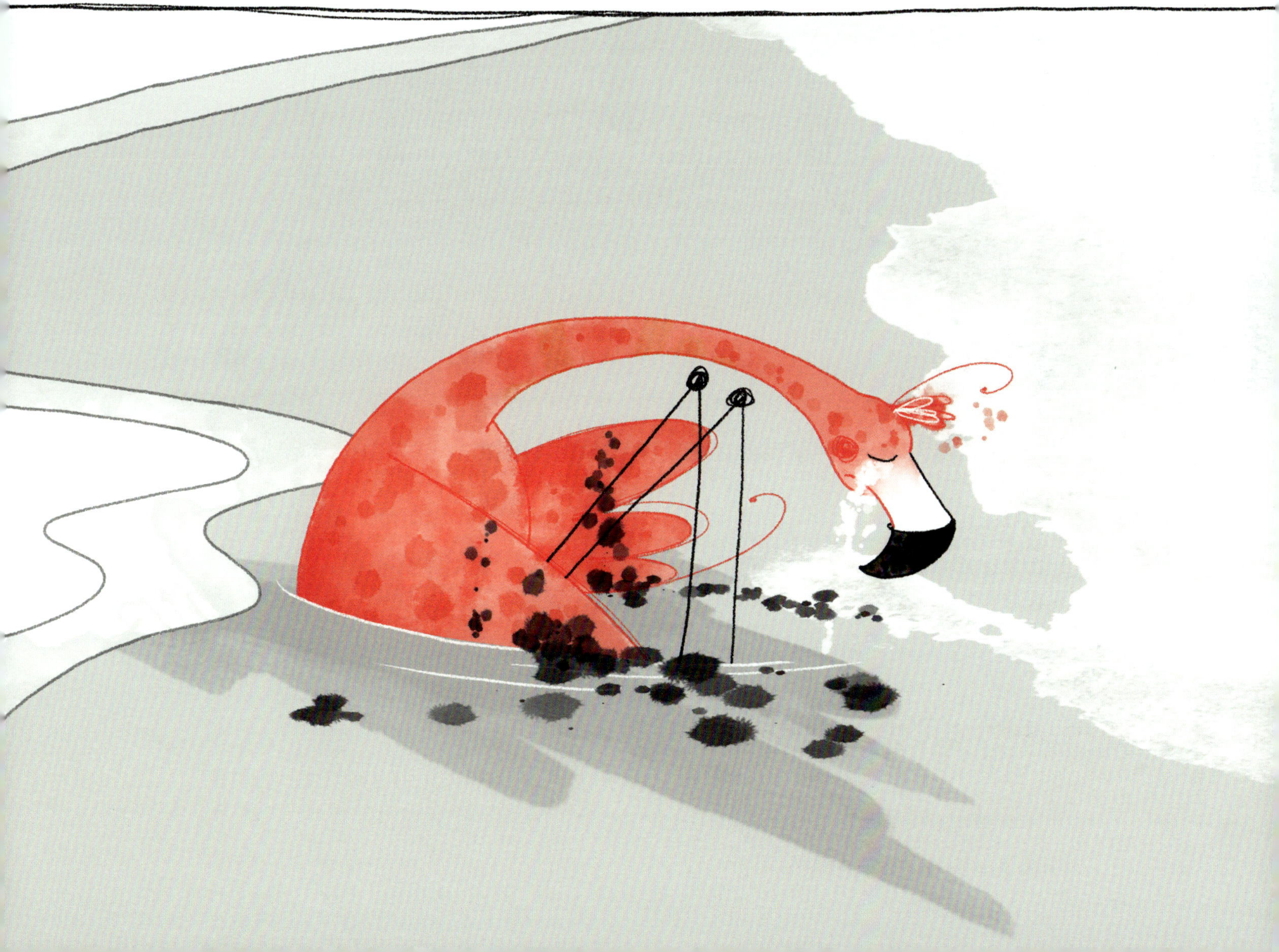

Ludo ajoute :
– Si le rose n'existait pas, il n'y aurait pas d'azalées ni d'orchidées. Pas de bégonias ni de pétunias ! Et pas de roses !

Ludo sourit et dit à Fanfan :

– Je suis noir et blanc, mais j'aimerais bien jouer avec toi.

D'une voix tremblante, Fanfan demande :

– Vrai de vrai ?

– Vrai de vrai ! s'exclame Ludo. Et j'ai une bonne idée pour mettre du rose autour de nous ! Tu viens ?

Un zèbre en colère, ça fait beaucoup de poussière...

Un panda fâché, ce n'est pas beau à regarder...

1

Go! Go! Go!

– Si le rose n'existait pas, personne ne pourrait voir la vie en rose, déclare Ludo.
– Bien dit, mon ami ! s'exclame Fanfan.

Catalogage avant publication de Bibliothèque et Archives nationales du Québec et Bibliothèque et Archives Canada

Titre: Ils ne veulent pas jouer avec moi !!! / Andrée Poulin ; illustrations, Lucile Danis Drouot.
Noms: Poulin, Andrée, auteur. | Danis Drouot, Lucile, 1980- illustrateur.
Description: Mention de collection: Albums illustrés
Identifiants: Canadiana 20190021667 | ISBN 9782897857783 (couverture rigide)
Classification: LCC PS8581.O837 I47 2019 | CDD jC843/.54—dc23

Direction littéraire : Agnès Huguet
Direction artistique : Marie-Josée Legault
Révision linguistique : Marie Théorêt
Conception graphique : Dominique Simard

Droits et permissions : Barbara Creary
Service aux collectivités : espacepedagogique@dominiqueetcompagnie.com
Service aux lecteurs : serviceclient@editionsheritage.com

Dépôt légal : 2e trimestre 2019

Bibliothèque et Archives nationales du Québec
Bibliothèque nationale du Canada

Les éditions Héritage / Dominique et compagnie
1101, avenue Victoria, Saint-Lambert (Québec) Canada J4R 1P8
Téléphone : 514 875-0327 ; Télécopieur : 450 672-5448
Courriel : dominiqueetcie@editionsheritage.com

www.dominiqueetcompagnie.com

Imprimé au Canada

Nous reconnaissons l'aide financière du gouvernement du Canada.

Nous reconnaissons l'aide financière du gouvernement du Québec par l'entremise du Programme de crédit d'impôt – SODEC – et du Programme d'aide à l'édition de livres.

Nous remercions le Conseil des arts du Canada de l'aide accordée à notre programme de publication.

Financé par le gouvernement du Canada | Canada